Veludo Violento

projeto gráfico FREDE TIZZOT
encadernação LAB. GRÁFICO ARTE & LETRA
ilustrações NATASHA TINET

© Editora Arte e Letra, 2025

T 588
Tinet, Natasha
Veludo violento / Natasha Tinet. – Curitiba : Arte & Letra, 2025.

64 p.

ISBN 978-65-87603-99-5

Poesia brasileira   I. Título

CDD 869.1

Índice para catálogo sistemático:
1. Poesia : Literatura brasileira 869.1
Catalogação na Fonte
Bibliotecária responsável: Ana Lúcia Merege - CRB-7 4667

Arte e Letra
Curitiba - PR - Brasil
Fone: (41) 3223-5302
www.arteeletra.com.br - contato@arteeletra.com.br
@arteeletra

natasha tinet

Veludo Violento

exemplar nº 140

Curitiba
2025

Para Fabio

prefácio da 1ª edição

É uma pulsação:
veludo violento, monólito negro, ouriços ocultos, aquário opaco, fios de cabelo azul, sangue e sargaço, o botão capitonê do sofá cafona: atinge e acolchoa. Mas esses pêssegos mornos enganam, que o livro não tem nada de insosso, é recheado com conchas bem mastigadas, dentes e bolhas. Tudo que é afiado rasga e tudo que é espesso decanta, as sílabas combinam. Cinzas, Júpiter, zíperes. Destruo, esmurro, em madrugadas vermelhas. Até uma esfinge precisa dormir. Algo nesse azul, verniz, Ceci. Algo de sádico que cai e se amacia na autoestima do diabo. Uma dentada em Hamurábi saturada em mágoa milenar. Frases gnômicas não, babilônicas. E de boca cheia. Nada míngua, nem a Barbie é evocada com frivolidade. Seus cotovelos em noventa graus bem pronunciados, sem saídas fáceis. A Barbie protagoniza nada balsâmica e o diabo verdeja feito gramínea. Você que vem atrás note a velhice mesopotâmica do humor que não balbucia. Cuidado comigo de renda sintética e músculo de gata: camomila para tigres siberianos não traz paz, passos de gelo, bocejo, neve mais leve que os segundos. Natasha Tinet é mestra dos sons. Os arranjos são tão bons que se pode jogar com eles,

escrever um prefácio como este e quase soar bem. Não tem isso de partiu a linha, é verso. O que já é um motivo grande para ler seu livro de estreia. Outro é que ela não joga, não põe nosso tempo a perder. A veia do livro não é fininha. No entanto, ontem à noite, senti meus sonhos sendo picados e suas veias chatinhas se abrindo. Como hematomas aquarelados à la Schiele, eram sonhos encorpados por outra técnica. Percebi cânfora na cadência do meu estilo onírico, fui afetada sem preciosismos. Senti o galope de Alexandre no peito e o pó da argila: tudo por causa da jaqueta com mix de estampas da boneca mais brega que já existiu – eu a tinha – e suas mãos também mordidas. Lembrei minhas mãos de cristal enquanto o plástico rosa não queimava. Pois minha avó também perdia a tesoura dourada com bico de garça e, no meu caso, sem os pés de gueixa cortados, sem Denise Duhamel, acontecia a tal iniciação profana que faz o céu cair lilás. A observação da Virginia cabe aqui: "o humor é das alturas.". Recupera o senso das proporções. E nesses poemas opera para nos deixar nem tão sérias, nem tão surdas.

Sarah Valle é escritora, ficcionista e tradutora. Traduziu *Vinte um poemas de amor*, de Adrienne Rich. Publicou as novelas *Arquitetura do Sim* e *Mãos* (Editora 7Letras)

guardo em mim pêssegos mornos
veludo violento que pulsa
carrega constelações.
sou do signo de vulcão
esmurro paredes e choro cinzas
destruo Júpiter abrindo zíperes
em madrugadas vermelhas
fervo o sal amargo do
fim do dia
forço tua mandíbula,
água viva que desperta convulsões.

Há espuma nos meus sonhos
Marés baixas, pés gelados
rochas lunares, ouriços ocultos.

Meu travesseiro de placenta
bordado com fios de cabelo azul
é recheado de sangue e sargaço
nutrientes desperdiçados
dentro de mim não há espaço
sou passado dentes e bolhas
a única a última
perdida em um deserto úmido
mastigando conchas
respirando imensidões

                                        transbordo.

A paz dos tigres siberianos

baby, camomila é placebo.
mexa esse açúcar, chore seus medos.

pense nos tigres siberianos
em sua elegância ociosa
na profundidade de seus passos de gelo
sinta o hálito quente do seu bocejo
se entregando às nuvens negras do sono
abraçados, vocês flutuam contra a neve
são mais leves que os segundos.

tigres têm o olhar distante
um amanhã que não pode ser revelado
não há nada de novo dentro dessa xícara
beba a madrugada e esqueça
nem sempre o amanhecer traz respostas
até uma esfinge precisa dormir.

músculos de gata
em renda sintética
cuidado comigo
sou a parte do sonho
que você não lembra
monólito negro e suspenso
entre o grito e o abismo
cuidado comigo
e finja que eu não te avisei.

Ceci Caloi não tinha freios
não tinha orgulho
não tinha azuis.

Ceci Caloi só tinha a mim.
E eu montava nela com sapatos de verniz.

Mice Follies

nunca tive um olho mágico que funcionasse
atrás da porta, há sempre um aquário opaco
com peixes que não sabem que respiram
eu toco o relevo das minhas guelras
e abro todas as torneiras da casa
os pés envelhecidos se abrem em cortes de pele
morta
deslizam no rinque de gelo da cozinha
já assistimos a esse desenho
torcíamos pelo rato, crescemos
somos o gato achatado contra a parede
preciso fazer um telefonema que não quero
me desculpe esse domingo no peito
eu não esperava escrever agora
mas, na esquina, uma cega disputa trocados
com um saxofonista, conheço esse jazz
você sabe, deus é um sádico
o diabo só tem uma grande autoestima.

Enfermeira

quando a enfermeira aperta o garrote e diz
"ai, que veia fininha", já sei que fodeu.
ei, deus, me abençoa com morfina,
vai rolar carnificina.

ela aperta os olhos de vovó bordadeira,
faz vagonite, ponto cruz, me fura inteira
e ainda reclama, "muito chata a tua veia".
ei, deus, dispensa a morfina, manda a christiane f.
bem drogada e prostituída, ela acerta de primeira.

e quando o contraste não bate e o soro não entra
sempre vem uma carniceira me pedindo a mão.
tá de brincadeira? mandem outra enfermeira
bem vampira e certeira, 20 anos de profissão
uma agulha ágil conquista meu coração.

aí, sim, voum'embora,
remendada de bandeide,
os braços aquarelados de hematomas
lembro de egon schiele e quase choro na padaria
quando a garçonete traz à mesa café com leite,
queijo quente e um sorriso de bom dia.

Sempre rasgo a primeira página de um diário e colo na primeira página de um novo diário cuja primeira página será rasgada para constar na primeira página de um novo diário que terá apenas a primeira página que começará assim: sempre rasgo a primeira página de um diário.

não sei escrever diários
não tenho disciplina
difícil seguir pautas e calendários
apenas coleciono tentativas
tentei:
diários de rancores&remorsos
noites perdidas, transas falidas
sonhos absurdos com tsunamis, incêndios e cavalos
orgasmos (dos súbitos aos graduais) (não conto os fingidos)
medidas de pressão arterial anotados em um caderninho pink flúor
blogues de assuntos confessáveis a qualquer um na fila da padaria
mensagens criptografadas em páginas perfumadas
hieróglifos para a próxima geração ignorar, me chamar de patética
só porque nasci no século passado antes do muro cair e de ter tanta
variedade de shampoos no supermercado.

Oração a
Nossa Senhora do Foco

nossa senhora do foco,
não dê minha alma como perdida.
rogai por minha mente inquieta, dai-me sentido na vida.
mate meu talento, já não me importo, quero ser senso comum
ser indiferente a tudo que seja de caráter profundo
quero resolver angústias existenciais com meu cartão de crédito
assistir a noticiários e achar tudo banal.
nossa senhora do foco, fazei de mim um pires:
de porcelana barata, branco, raso e sem dor.

Mulher,
por que reclama?
mulher,
o que te falta?
já conquistaste tantas coisas, mulher
o que mais você quer?
...
espere, não terminei.
deixa eu te explicar por que você
reclama, deixa eu te dizer
o que você tem, o que te falta
e do que precisa
deixa eu falar, mulher
depois você fala.

Evelyn McHale não podia se casar
tinha tendências iguais às da mãe
não se pode fugir de uma herança
nem que se jogue do octogésimo
sexto andar do empire state
373 metros entre seus pés acetinados
e o choque de altitude que paralisou
fulminou seu coração antes do impacto metálico
contra um carro estacionado
ofélia afogada no lago negro do desespero
de punhos fechados em luvas e segredos
não há prêmio quando se quer morrer
evaporar adormecida em uma nuvem púrpura
diante dos transeuntes envenenados de cotidiano
um clique registra o "suicídio mais belo da história"
ninfa que repousa em lençóis turbulentos
senhoras, senhores, guardem seus narcisos
antes que apodreçam pela falta de lucidez
Evelyn McHale esposou a morte, mas
não há graciosidade nesse matrimônio
em seu corpo inerte, profundo e apático
na boca exonerada de esperança, quieta
mesmo quando viva, sufocada numa estufa
com a garganta pulsando o último passo
para o esquecimento.

Açúcar escarlate

cacos de vidro
na palma da mão
destino estilhaçado
veneno que não mata
tudo o que resta
são linhas talhadas
rasgo & ruína
nervos amordaçados.

Não tem geometria que explique
o gosto das cinco horas da manhã
a tragédia das amoras
a geologia de uma íris
a fúria dos grânulos de areia
contra os teus pés.

Os joelhos do armário reclamam horas insones.
com cuidado, você retira o prato
da torre de opalina empilhada
evita o encontro entre copos
por uma questão de hábito
não há mais ninguém na casa
o tilintar dos talheres só perturba o sono do silêncio.

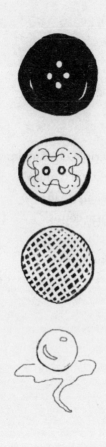

Minicoleção de botões

aquele botão bordô que ele encontrou na rua e lhe deu como
uma relíquia dos povos que antes de nós fizeram este caminho;
aquele botão imitação de azulejo português roubado da loja
falida dos seus pais;
o botão do capitonê do sofá cafona da sala,
onde ela arrancou com os dentes o botão perolado
do vestido de festa depois que a festa acabou e
guardou debaixo da língua como uma ostra irritada,
                            boquinha fechada, menina.
a pérola escorregou pela gengiva, prendeu-se entre as brechas dos dentes que cresciam.
matar a for em botão é quando forçam a costura da casa
e não se pode contar a ninguém.

Uma mulher com uma dor
é muito mais aterrorizante.

Caminha equivocada
como se andado adiante
chegasse sempre atrasada.

Carrega no útero a dor
como se portasse mortalhas
sorrisos corrompidos, fores dilaceradas
ansiando muito mais que migalhas.

sprays de pimenta, navalhas, ansiolíticos
não me tiram o temor
de uma existência ameaçada
uma mulher com uma dor
luta e jamais será silenciada.

**Meu coração,
monocultura de ilusão.**

o bem não me distrai.
o mal não me destrói.

~~BARBIELÔNICAS~~
BABILÔNICAS

1.
a mesopotâmia foi construída
um reinado em cima do outro.
preencha com a metáfora que quiser:

_____

2.

Sou babilônica desde criancinha
o resto é lenda
arquitetura da desconstrução
nunca aceitei "porque não"
dente por dente, ofereci os meus a Hamurabi
ele não quis
dei-lhe uma dentada
ele devolveu
babilônicos nunca blefam
babilônicos arquivam tudo
em placas de argila crua
o tempo há de cozinhar
assar ao ponto
essa mágoa milenar.

3.
mamãe me disse para ser educada
eu desejava boa noite ao âncora do jornal
mas mordia os pés das Barbies quando ninguém via
"vocês nunca chegarão à Babilônia
com essas pernas de borracha"
elas choravam e se vingavam
sadomasoquistas,
quebravam o próprio pescoço só pra me irritar
pero también soy vengativa
incendiei a casa das bonecas
como papai faz o churrasco de domingo
elas testemunharam o plástico rosa deformando
virando uma massa cinzenta e contorcida
[não têm pálpebras as coitadas,
os braços são ângulos de 90º
ótimos para carregar bolsas,
só não servem para cobrir a cara]
podia ser uma de vocês, pretty ladies, entendam
esse recado

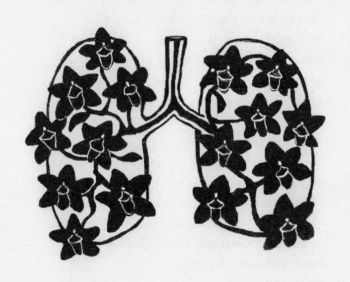

4.
sob a fumaça tóxica, construí um império invisível
paguei muito caro por isso
cresceram orquídeas negras em meus pulmões
senti o galope de Alexandre no peito
mofei por dentro
estampei com sangue seco
lençóis e travesseiros
suspenderam jardins
tapetes cortinas pelúcias
toda semana, injeção na clínica
decorada com chimpanzés tenistas
o toque gelado do estetoscópio
confirmou o peso dos fluidos
 o médico — papai noel fora de época — professa:
essa menina tem mãos de pianista
e pode quebrar como um cristal
tome aqui um pirulito.

5.

adormecida na redoma de cânfora
encontrei ao meu lado um pacote
com formato familiar
envolta em acetato transparente
uma barbie que jurava falar
vinte frases diferentes
usava chapéu com
fores de organza
e jaqueta com mix de estampas
a barbie mais brega que existiu
era fingida e telepática
em sua primeira noite
se inteirou da situação
das amigas sem-teto e sem pescoço
discursou com eloquência
articulou uma revolução
acordei com seus bracinhos de 90°
apoiados em meu ouvido
sussurrando maldições
invocando pazuzu:
"seus rins se encherão de bolhas
seu organismo se rebelará
cada vez que você dormir e acordar
suas articulações irão degenerar

demônios criarão raízes
embaixo dos seus cabelos
entoarão cantos de medo
ânsias fracasso desespero
trincarão seu humor vítreo
e esquecerás o número
que vem depois do sete."
petrifcada no limbo
emudeci de pavor
vi o céu cair lilás
diante do sorriso cínico
da barbie mais perua que existiu.

6.
A bigorna que me comprimia o peito
tinha o cimento cada vez mais reforçado
ignorava a medicina, inalações, penicilina
"é mau-olhado o mal dessa menina"
recorreram a uma benzedeira
as rugas de papel pardo amassado
cadenciavam rezas arrastadas
ramos de arruda e pimenteira
estapeavam o mal lançado
"que a inveja, má-vontade
de ti seja saída, de ti seja tirada
pelo poder de deus e todos
os anjos invocados"
papai era pragmático
"essa rezinha mixuruca não há de adiantar"
era o que eu queria dizer
se não estivesse tão cansada
minha vendetta é com a barbie
não metam deus nessa jogada
na Babilônia a parada é resolvida
com álcool na ferida e a vingança
é um prato que se quebra nos dentes da frente.

7.

uma tesoura com bico de garça
dourava na poltrona
quando vovó percebeu a falta
eu lhe disse "ela voou"
e sorrimos, vovó muito feliz
pelo meu senso de humor
me prometeu uma goiabada
mas eu queria mesmo era brincar
com a boneca que tem cheiro de nova
gosto tanto dela, vó
a senhora não imagina
com que gritinhos de felicidade
cortarei seus pezinhos
terei uma barbie chinesa, uma gueixa
vai lá, vó
vá providenciar aquele doce
precisamos brincar a sós.

8.
pra que esses cabelos tão longos?
responda, barbie, entre na brincadeira.
que lindos esses fios frisados
tão platinados e finos
faço questão de mechas bem grossas
as lâminas cheias, arrebentando o nylon
que sai dos buraquinhos da sua cabeça
não se preocupe, barbie, vou guardar
suas madeixas com muito carinho
num lugar que você ama mais que tudo
pra que esse sorriso tão feliz?
pra que essa boquinha tão rosa?
"vo-cê vai se a-rre-pen-der por-i-sso"
não te escutei, barbie,
vou te fazer falar mais alto
vai ser só uma picadinha
e um rasgo bem largo
pra que essa boca tão grande?
é pra te fazer engolir essa maldição
vou te preencher com seus próprios cabelos
não passarás de uma boneca de feno
que se acha a rainha da Babilônia
você nem pode cruzar os braços sobre o peito
posar para a eternidade como uma rainha humilde
mumumff

fale mais alto, não consigo ouvir
telepatia não funciona pra jogar praga
é preciso a palavra falada, mas
uma boca costurada vale mais que mil palavras.

9.
ontem, fui Dalila
agora, sou Salomé
sua cabeça a prêmio, barbie
rodando no prato do micro-ondas
enquanto eu danço na ponta dos pés
faíscas de
ficção científica
pipocam na caixinha branca
meu peito explode em soluços
recheados de puro muco
minha gargalhada abafada
pela máscara de nebulização
instaura o
fim de uma era
as ruínas de uma civilização
mamãe me disse para ser educada
mas agora é tarde
já recebi os louros de Tiamat
fui beijada pelo caos
match point
xeque-mate
bye bye, barbies.

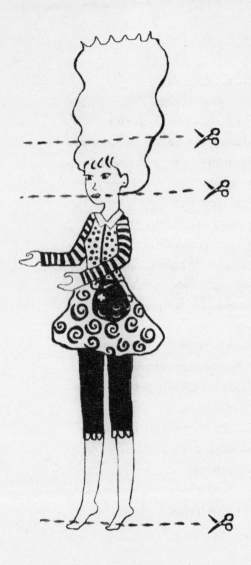

Tentou abandonar a mãe no açougue

agarrou a barra de outra mulher
que lhe ofereceu sorvete e paciência
cabou que era ela mesma, a própria mãe
no avesso do origami.

mães bipolares são difíceis de reconhecer
em dias de sol, esquecem a sombra em casa
em dias de chuva, viram estátuas
mimetizam a estampa do sofá
ou tornam-se mágicas
as cadeiras ganham asas
a lona periga incendiar
é um cenário delicado
a genética não perdoa
mãe filha : opostas semelhantes
de patins na corda bamba
não tem saída esse labirinto
melhor sentar as visitas no chão
colar a louça e servir um cafezinho.

Porque sempre quis escrever um poema que começasse com meu amor

meu amor quando chega
inclina os ombros de ruína
estala em minha boca um beijo cinza
todas as horas do dia à deriva
à espera de um abraço que nos ancore
em um único cansaço.

meu amor quando chega
me presenteia com laranjas recheadas de sol
um modo de alterar distâncias
devorar melancolias.

meu amor quando chega
a cidade é um posto de gasolina iluminado
centelhas noturnas murmuram nas ruas
são os escombros do sono
desabando sobre nossos ossos
no meio do sonho há sempre um grito
habitando os desabrigados
enquanto moramos em duas casas
uma para onde sempre voltamos
outra de onde nunca saímos.

Velhos

Vovó tinha os lábios costurados
mas sorria
não chorei
abocanhei de uma só vez
um gordo buquê de crisântemos
ruminei a massa amarga e lenta
novilho que ignorava o dia do abate
até aquele dia

> Na frente da funerária América você me disse que nunca foi a um velório eu já fui a mais velórios do que casamentos batizados as pessoas da minha família são tão sem graça morrem cedo quando não é um câncer os órgãos entram em greve morrem mesmo antes de morrer e temos que mostrar o álbum de fotografias assim nessa foto a única viva sou eu papai e mamãe foi a uma cartomante que lhe disse que papai morreria de uma hora pra outra como se isso fosse extraordinário

a morte sempre acontece com os outros

e põem uma bacia com água e
cascas de laranjas
a pele roxa pode feder
há sempre um parente a caminho
e há sempre o parente distante
a qual enterro chegamos atrasados
e os doentes moribundos
os gatos envenenados
os cachorros que vão pro sítio
os distraídos os bêbados os azarados
que se vão sem dar adeus
e os velhos
"dos velhos só esperam que morram"

                        foi o que vovó me disse antes de
                        oferecer um mingau de aveia eu
                        com onze anos não compreendi
                        o desabafo não conseguia desatar
                        o novelo embaraçado dentro dos
                        ouvidos comece pelas bordas
                        não se queime.

os velhos tios-avôs dispensaram o cafezinho
estavam mais interessados na goiabeira que
explodia
indiferentes aos avisos de cuidado
desviavam em passos de bolero
da polpa madura que emplastrava o cimento
goiabas brancas são caras no supermercado
e estouradas no chão exalam urina de gato
os velhos subiram nas árvores e as velhas
com braços ao redor dos baldes
a fala alta dos galhos me engasgava

        ainda tinha pétalas pólen nos
        dentes eu era muito criança para
        entender que velhos sobem
        em árvores roubam no jogo
        velhos não celebram a vida não
        celebram a morte

velhos celebram encontros.

eu vim. vim e trouxe o inferno dentro de mim.

os nervos vibram ao ritmo dos tambores e me sinto quente, clara e absurda. o garoto me observa, mas não está aqui. me vê de outra dimensão, onde eu já estive e onde não existe o tempo. aqui o chão é sujo e há uma mulher com sapatos apertados. quem testemunhará seu alívio quando ela abrir as correias que prendem seus pés inchados?

       queria estar debaixo d'água.
         meus olhos queimam.

no espelho da televisão desligada, vejo uma fileira interminável de carros. já não estou onde estou.

  sinto horror do infinito.

Posfácio

Regida sob o signo de vulcão

Em 1905, na época com um pouco mais de vinte anos, a escritora inglesa Virginia Woolf publicou no jornal *The Guardian* um breve ensaio sobre o que chamou de *o valor do riso*, defendendo que crianças e mulheres são temidas pela simples possibilidade de rirem, por serem conscientes das afetações e irrealidades, podendo rir – e despertar o riso – de forma honesta. Woolf chega perto do final do texto dizendo que esse temor era um dos fatores que contribuíam para que as mulheres não fossem bem aceitas nas atividades ditas liberais, como a escrita, por exemplo. Em abril de 2019, no jornal *Folha de S. Paulo*, um artigo polêmico afirmava que a poesia contemporânea brasileira havia se tornado, nas palavras da autora, *sisuda e hermética*. O texto apontava que um dos fatores seria a dificuldade de escrita diante da existência de homens como Manuel Bandeira e Carlos Drummond de Andrade, exemplos de poesia divertida, acessível e canônica segundo os seus parâmetros.

Veludo violento, esse livro que foi a estreia de Natasha, vencedor do segundo lugar no prêmio da Biblioteca Nacional de 2019, na categoria de poesia, corrobora as ideias sobre o riso e o cômico de Virginia Woolf e engrossa o coro contra a superficialidade da tese levantada sobre a poesia contemporânea brasileira. Idealizando uma poética masculina, a crítica do artigo soterrou a veia cômica tão particular na poesia escrita por mulheres, principalmente a produzida por brasileiras como Angélica Freitas, Julia Raiz, Adelaide Ivánova e Bruna Beber, que são contemporâneas, mas outras do passado como Ana Cristina Cesar, Angela Melim e, especialmente, Leila Míccolis. O riso e a sátira são como estéticas de não pacto, ao estilo de Hilda Hilst que, ainda no começo dos anos de 1980, afirmava a necessidade ética de quem escreve em não pactuar com o que chamava de "engodo armado para ludibriar as pessoas".

Não há pactos em *Veludo violento* porque a voz poética que sai do corpo de Natasha é autoirônica e honesta a ponto de deixar a pessoa que lê paralisada diante do reconhecimento. Por exemplo, com imagem de uma enfermeira que provoca uma carnificina diante da veia fininha de uma (im)paciente. Como afirma Virginia Woolf, o riso está entre as palavras e não por baixo delas. Os versos em *Veludo violento* são dispostos um seguido do outro, moldados pela superfície cômica, porém preenchidos pela crueza ritmada de uma tragicidade corriqueira. Para compor a cena que desperta o riso entre os erros e acertos das enfermeiras, figuras populares e nomeadas, como a adolescente alemã Christiane F., contrastam com outras apenas sinalizadas como Manuel Bandeira – *"aí, sim, voum'embora/ remendada de bandeide"*.

A recusa em não pactuar com a espera de uma poética lamentativa diante da dor acontece desde a montagem de *Veludo violento*. Contemplando três momentos, o livro começa com poemas de diagnóstico da voz poética, onde imagens contrastantes de leveza e violência embalam quem inicia sem maiores avisos. O primeiro poema do livro apresenta imagens de pêssegos mornos embrenhados num corpo que, como se vê adiante, guarda dores como se fosse fruta macia pulsando no veludo violento do título. Segue-se, então, a estrofe que arremata a violência da dor contida dizendo que *"sou do signo de vulcão/ esmurro paredes e choro cinzas/ destruo júpiter abrindo zíperes/ em madrugadas vermelhas"*. Já se sabe que não haverá pactos, nem do lado de quem lê, muito menos pela mão da poeta que força nossa mandíbula e puxa pela mão, conduzindo a gente por um passeio onírico entre efeitos de remédio e insônia em que a imagem de um travesseiro de placenta *"bordado com fios de cabelo azul/ é recheado de sangue e sargaço"*, é arrematada por um dos versos mais icônicos do livro: *"dentro de mim não há espaço"*. A aliteração que sibila é encantatória e a profusão de imagens é o esvaziamento da figura da poeta contemporânea, da linhagem daquela acusada de *denotativa* por certa crítica, aqui se metamorfoseando como a poeta do riso, de Virginia Woolf: aquela que provoca o riso em quem lê porque se recusa a chorar — e isso só é possível justamente porque enxergamos a dor exatamente como é, cheia de ritmos e metáforas.

Como numa canção antiga, Natasha segue na primeira parte do livro com poemas usando vocativo do tipo *"baby, camomila é placebo"*, seguido do poema-oração que começa com o verso *"nossa senhora do foco"*. Nessa toada, versos como *"mulher,/ por que reclama?"* e o poema "Evelyn MacHale", completam uma sequência em ironia com temas profundamente enraizados no senso comum de autoria de mulheres como suicídio e a invocação da musa. "Oração a Nossa Senhora do Foco" é um dos poucos poemas nomeados e, assim como já citado anteriormente sobre Manuel Bandeira, aqui percebe-se um ritmo à *la* Carlos Drummond de Andrade, mas com outra chave de leitura, bem ao estilo da re-visão, proposta por Adrienne Rich como um ato de sobrevivência: reler, invocar o cânone e reescrever. A sequência *"rogai por minha mente inquieta, dai-me sentido na vida./ mate meu talento, já não me importo, quero ser senso comum"* dialoga com "Eterno", do poeta de Itabira. Rejeitando também a caretice do moderno, Natasha deixa de lado, ainda, o rótulo da eternidade com versos como *"quero resolver angústias existenciais com meu cartão de crédito/ assistir a noticiários e achar tudo banal"*, se apropriando de ritmos canônicos mas em diálogo com as impossibilidades do agora.

Em *Veludo violento*, a poeta transita bem por versos mais longos e narrativos e outros de maior economia sem deixar de lado uma ideia de projeto poético. Há espaço até para tiradas ao estilo de Alice Ruiz e de Leminski em uma dupla de versos que começa com *"o bem não me distrai./ o mal não me destrói"* e que serve de introdução para a série de poemas "Babilônicas/Barbielônicas" que compõem o miolo do livro.

Seguindo as ideias do *valor do riso*, Virginia Woolf ressalta o poder certeiro das crianças em "conhecer os homens pelo que são". Nos nove poemas da série o embate entre a infância e o mundo adulto acontece pelo olhar da menina que afirma ser "babilônica desde criancinha", oferecendo seus dentes ao rei Hamurabi, que os rejeita. Aqui sabemos que o não-pacto não é apenas algo do presente, dos poemas da primeira fase. É, antes de tudo, de formação. Uma formação babilônica de luta travada na infância entre uma criança doente e a padronização de uma boneca sorridente. Do incêndio à casa de bonecas no terceiro poema, pagando caro por isso, outro verso adiante diz que *"cresceram orquídeas negras em meus pulmões/ senti o galope de Alexandre no peito/ mofei por dentro/ estampei com sangue seco/ lençóis e travesseiros"*, em uma espécie de cosmogonia de uma doença contada pela criança que procura entender, como punição, a carnificina com a veia fininha que segue pela vida adulta. Oscilando entre punição e maldição, as bonecas de plástico de Natasha Tinet travam embates e sussurram nos ouvidos coisas como *"seus rins se encherão de bolhas/ seu organismo se rebelará"* e a resposta é que *"a parada é resolvida/ com álcool na ferida e a vingança/ é um prato que se quebra nos dentes da frente.".*

De bicicletas Ceci Calois, passando por *Mice Follies* de Tom e Jerry, até as Barbies derretidas e/ou decepadas, todas são imagens de violência contida que culminam em *"ontem, fui Dalila/ agora, sou Salomé"*, que abre o último poema da série "Babilônicas". O riso que surge do que é "superficialmente cômico é fundamentalmente trágico", dito por Virginia Woolf, exalta-se nos versos *"minha gargalhada abafada/ pela máscara de nebulização/ instaura o fim de uma era/ as ruínas de uma civilização"*. O exercício de transformar tragédias pessoais em diálogos com mitologia, personagens históricos, além de zombar das representações clássicas de mulheres, é um dos pontos altos da estreia de Natasha, que renega – pela via da escrita – qualquer rótulo pejorativo de uma poesia pouco conotativa.

O destaque para a terceira parte de *Veludo violento* é a dupla de poemas intitulados de "Velhos", em que o não pacto se concretiza seja pela forma como os poemas são dispostos, como numa montagem de cinema – em tela dupla, permitindo a visão de duas cenas, dois pontos de vista –, seja pela abordagem temática em que a visão de futuro está disponível, mesmo que pela via do tragicômico. Aqui, a avó lamentosa que diz que *"dos velhos só esperam que morram"* e a compreensão da voz poética diante deste lamento nas estrofes seguintes são alguns dos versos mais bonitos do livro: *"ainda tinha pétalas pólen nos dentes eu era muito criança para entender que velhos sobem em árvores roubam no jogo velhos não celebram a vida não celebram a morte/ velhos celebram encontros.".*

Se o riso preserva nosso senso de proporção, lembrando-nos de nossa humanidade, como também afirma Woolf, *Veludo violento* nos ambienta na medida certa. Longe de ser sisuda e muito menos hermética, Natasha Tinet confirma o deboche, a ironia e o riso como vias outras em uma longa linhagem de autoria de mulheres como Adília Lopes, Wislawa Szymborska e Emily Dickinson, para citar apenas estrangeiras. A poesia contemporânea escrita por mulheres não tem medo de rir de si mesma e de suas tragédias cotidianas e faz isso com rigor, forma e ritmo, pois o signo de vulcão as rege.

O texto acima é uma versão ligeiramente modificada de uma resenha que escrevi em 2020, para o site Posfácio. Cinco anos depois, e muitas leituras pensando sobre o riso que as mulheres optam em seguir em seus projetos estéticos de escrita, sigo achando esse trabalho da Natasha uma pérola brilhosa e insistente no riso sobre si e nós mesmas. Apesar de tudo, seguimos chorando e rindo.

Emanuela Siqueira é tradutora e gosta de escrever sobre livros instigantes.

Agradecimentos

A todos que acolheram o *Veludo Violento* no coração, agora ou desde o início, muito carinho por vocês.

Sobre a autora

Natasha Tinet é escritora e ilustradora. Nasceu em Palmeira dos Índios, Alagoas, e mora em Curitiba desde 2014. *Veludo Violento*, seu livro de estreia, aqui em segunda edição, conquistou o 2º lugar no Prêmio Fundação Biblioteca Nacional 2019, na categoria poesia. Em 2021 também lançou a plaquete *Silêncio Bergman* e o livro *Uma Alegria Difícil*, ambos de poesia. Teve poemas e contos publicados em antologias, jornais e revistas literárias. Como ilustradora, trabalha com técnicas de colagem e desenho a nanquim na criação de artes para livros, discos, eventos e podcasts.

Este livro foi produzido no Laboratório Gráfico
Arte e Letra, com impressão em risografia
e encadernação manual.